¿Qué pue

MW01478899

por Alison Blank

Scott Foresman
is an imprint of

Glenview, Illinois • Boston, Massachusetts • Chandler, Arizona
Upper Saddle River, New Jersey

Yo puedo ir de excursión.

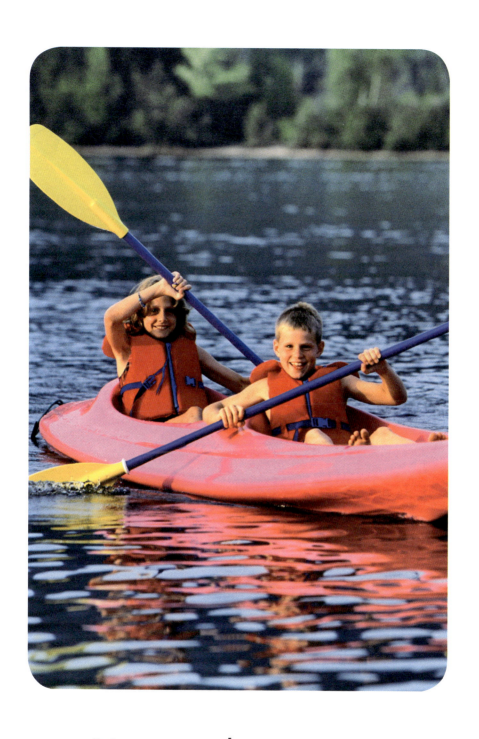

Yo puedo remar.

Yo puedo escalar.

Yo puedo correr.

Yo puedo bailar.

Yo puedo marchar.

Yo puedo esquiar.